Você sabe o que é coragem?

Coragem é uma qualidade de quem tem grandeza de alma. Não é a ausência do medo; é sentir o medo e mesmo assim fazer o que for preciso. É agir, é ter atitude, é sair da "zona de conforto". É ter fé e confiar na existência de uma Força Maior que não nos desampara jamais.

Karina Picon

Ilustrações: Rafael Sanches

Era primavera. O colorido das flores era vivo e intenso, a grama era verde como esmeralda e o sol brilhava, aquecendo o coração das pessoas. Guilherme e Euclides estavam na quadra esportiva. Participavam, em times diferentes, do tão esperado campeonato de futebol do colégio. Era o primeiro jogo, e as meninas, sentadas na arquibancada da quadra, assistiam ao clássico, divertindo-se com os dribles e as peripécias que os meninos faziam com a bola.

Mas, de repente, a bolha foi se tornando apertada, e tudo ali foi ficando chato, monótono. Maju foi se sentindo cada vez mais infeliz. *Que chatice, que tédio!*, pensava. Nada acontecia dentro daquela bolha: nenhuma ação, nenhuma emoção, nenhuma reação. Nada de bom nem de ruim; tudo parado, sem movimento, sem horizontes. Parecia seguro, sem nenhum perigo imediato, mas era apenas isso.

E então, lá de dentro da bolha, Maju começou a perceber que muitas coisas legais e interessantes aconteciam do lado de fora. Notou que as crianças da sua idade jogavam bola, assistiam a vários jogos e, na maioria das vezes, nada de ruim acontecia. Elas também iam a festas, cinemas, parques de diversão, tomavam sorvete e, o melhor de tudo: davam e recebiam carinho e afeto, podiam se relacionar com as pessoas, brincar com os amigos, estar em família, aproveitando tudo isso sem se machucar.

Os medos... Ah, os nossos medos... Muitas vezes, eles não nos deixam seguir em frente e acabamos não vivendo nossos sonhos, para conviver apenas com os medos. Ficamos apegados a situações, pensamentos e pessoas que nos aprisionam, naquilo que os adultos chamam de "zona de conforto", como a bolha que Maju criou: locais imaginários, que dão a ilusão de conforto, acolhimento e espaço.

Tudo mentira!

Quando olhamos para dentro de nós, conseguimos perceber que de conforto não existe nada, apenas o nome. Na verdade, a bolha, ou "zona de conforto", é uma prisão emocional, um local pequeno, apertado, escuro e infeliz, sem perspectiva alguma. Chamam de "conforto" porque ali não existe problema nem dor; mas também nada se desenvolve, não existem realizações. O interessante é que, dessa prisão, apesar de não existirem nem portas nem cadeados, não conseguimos sair, pois o medo comanda nossa mente e nos mantém assim: limitados e infelizes. Nossa mente nos engana e acabamos criando uma realidade falsa que nos mantém paralisados, praticamente vegetando, vivendo de modo automático...

Ela teria que viver eternamente assim?

Quanto tempo ainda precisaria suportar aquela prisão?

Como poderia experimentar coisas novas e somar vida à sua existência?

Isso seria possível?

Como transformar seu medo em coragem?

Não teria garantias nem segurança de que tudo voltaria ao normal... Melhor deixar quieto... A inconformidade de viver daquela maneira a fez pensar que assim não cresceria, não iria evoluir, mesmo sabendo que a evolução era a meta universal de todos os seres, em todas as existências.

Desde criança, Maju sempre tinha amado e cuidado dos animais, e foi justamente na aula da Tia Cecília, em que os alunos podiam exercitar seus dons e talentos, que ela se imaginou como uma médica veterinária, acolhendo e tratando animais doentes e abandonados. E agora, não viveria nada disso?

Em uma fração de segundo, Maju pensou: *Nada pode ser pior que isso!*, e então começou a se preparar para sair da bolha. Deu alguns passos para trás. Sentiu o coração acelerar e também um frio na espinha – era como se seu corpo fosse congelar. Quando o medo lhe deu uma trégua, ela aproveitou para dar um impulso tão forte, que a bolha imediatamente estourou como um bexigão de aniversário. Só que, em vez de explodir em doces pelo ar, fez cair por terra todos os seus medos, inseguranças e lembranças negativas.
Graças a sua coragem para romper aquela barreira, um grande alívio e uma intensa alegria apareceram, e foi então que ela sentiu-se livre novamente, liberta daquela "pressão" que a consumia até segundos atrás.

Percebeu que as situações de dor eram infinitamente menores do que as situações de bem estar, e compreendeu que o mundo era imenso, assim como suas possibilidades; que nenhum dia era igual ao outro. Voltou a enxergar as sete cores do arco-íris, a diversidade das formas. Voltou a sentir os inúmeros cheiros e sabores. Voltou a perceber que havia dias chuvosos e de sol, assim como dias frios e quentes... Enfim, voltou a viver!

E quanto às pessoas? Ah, as pessoas... Sentiu-se maravilhada com a diversidade delas. Lembrou-se de que cada uma expressava um tipo de emoção: alegria, tristeza, raiva, medo, surpresa... Percebeu que essas emoções podiam ser modificadas de um instante para o outro, e que tudo dependia de como receberia as experiências que a vida lhe traria.

E assim chegou o grande dia da decisão do campeonato: quem ganhasse o jogo, levaria a Taça de Ouro. O clássico começou difícil, com poucas chances de gol. O jogo estava tenso, e a equipe de Euclides, mais agressiva, jogava melhor. Mas Guilherme estava lá e não jogava sozinho; contava também com a categoria dos companheiros do seu time, que, aliada ao espírito de equipe, dava mostra de um verdadeiro espetáculo.

Contudo, apesar do show que davam com a bola, o gol não saía. Guilherme fervia de raiva, sentindo-se derrotado, e foi justamente esse sentimento, além do medo de perder o campeonato, que o fez ter a força necessária para buscar o gol, adotando assim uma atitude confiante.

Após as comemorações dessa incrível vitória, Maju pensou: *Como controlar as nossas emoções é importante, e como isso define a nossa vida! Tudo depende da importância que damos aos acontecimentos.*

Lembrar-se de que esses acontecimentos são breves e enxergar que tanto as situações positivas como negativas são apenas experiências necessárias para o nosso crescimento e evolução nos darão a possibilidade de dimensionar a real importância dos fatos, sem potencializar nem minimizar aquilo que vivemos.

E quanto a você: qual é o seu medo
que precisa ser enfrentado com coragem?
Desenhe aqui esta incrível descoberta.

Instituto Beneficente Boa Nova
Entidade coligada à Sociedade Espírita Boa Nova
Av. Porto Ferreira, 1.031 | Parque Iracema
Catanduva/SP | CEP 15809-020
www.boanova.net | boanova@boanova.net
Fone: (17) 3531-4444